はじめてのずかん

おおむかしの いきもの

監修 甲能 直樹／矢部 淳／中島 保寿／泉 賢太郎

高橋書店

プテラノドン

ケツァルコルトルス

ディプロドクス

アロサウルス

エウディモルフォドン

ランフォンリンクス

レッセムサウルス

「はじめてのずかん」の たのしみかた

すきな ことに むちゅうに なろう	「もっと しりたい！」を ふやそう	たくさんの ことばに であおう

この ずかんでは せいぶつが みずのなか りくのうえ そして そらにも いたる
ところに あゆみでていったことが えがかれています。ながい じかんを かけて
いきものは すがたを かえていきました。そんな せかいを みんなで たのしんでください。

かんしゅう **こうの なおき**

この ほんでは どうぶつと いっしょに いろいろな しょくぶつが かかれていますね。
しょくぶつは えさだったり どうぶつに とっても だいじな なかまです。
みんなの まわりの しょくぶつも きっと おもしろい！ ぜひ かんさつ してみましょう。

かんしゅう **やべ あつし**

この ずかんで みた おおむかしの いきものたちが、えさを たべたり、そらを とんだり、
およいだり しているようすを そうぞうしながら、えを かいてみましょう。
いつか、じぶんだけの ずかんが できますように！

かんしゅう **なかじま やすひさ**

はるか むかし、ちきゅうには、いまとは こんなにも ちがう いきものが いたのです。
かせきの けんきゅうが すすんできましたが、まだまだ わからないことも たくさん。
ずかんの さきには、さらなる ワクワクが まっています！

かんしゅう **いずみ けんたろう**

こんな いきものが でてくるよ！

いきものが ちきゅうに うまれてから、いちども とだえることなく わたしたちへと つながっています。でも、おおむかしの いきものは いまの いきものとは ぜんぜん ちがう すがたです！

めが じまん！

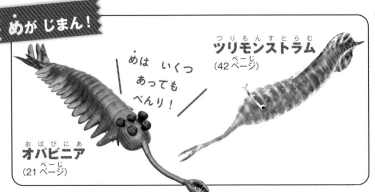

めは いくつ あっても べんり！

ツリモンストラム
（42 ページ）

オパビニア
（21 ページ）

あごのちからが じまん！

ティラノサウルス
（68 ページ）

ほねも くだいて いっしょに たべちゃうよ！

ダンクルオステウス
（38 ページ）

モササウルス（76 ページ）

はが じまん！

ヘリコプリオン
（49 ページ）

メガロドン
（86 ページ）

なんでも かみちぎれる よー！

スミロドン
（91 ページ）

しっぽが じまん！

プレシアダピス（81 ページ）

パパも ママも しっぽが ながいんだよ

ディプロドクス
（60 ページ）

きばが じまん！

きばは ずっと のびつづけるんだ！

ケナガマンモス
（92 ページ）

ティラノサウルス
てぃらのざうるす

ステゴサウルス
すてござうるす

トリケラトプス
とりけらとぷす

きょうりゅう　だいこうしん

きょうは　きょうりゅうたちの　うんどうかい。
じだいを　こえた　にんきものたちの　にゅうじょうです！
みんな　おおきくて　かっこいいね！

イグアノドン

アンキロサウルス

パキケファロサウルス

なまえを チェックしよう！

いきものの なまえや しゅるい、
からだの ぶぶんの なまえなどを
チェックしましょう。

*おもに種名で紹介していますが、
　生物によっては総称を掲載しています。
※掲載している情報は、
　2024年4月現在のものです。

「？」「くらべてみよう！」で たくさん そうぞうして みよう！

たくさんの ふしぎを そうぞうして みましょう。
いまの いきものと みためや からだの つくりを
くらべる コーナーも あります。

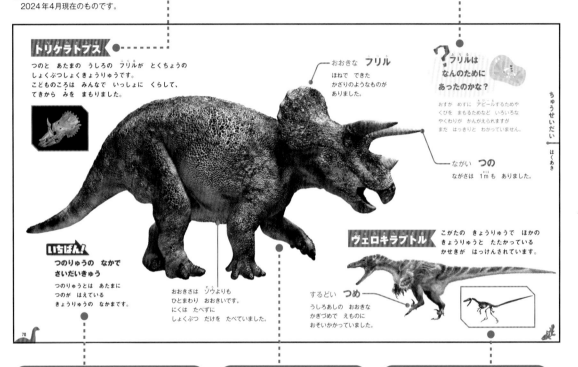

トリケラトプス

つのと あたまの うしろの フリルが とくちょうの
しょくぶつしょくきょうりゅうです。
こどものころは みんなで いっしょに くらして、
てきから みを まもりました。

おおきな **フリル**
ほねで できた
かざりのようなものが
ありました。

？ フリルは
なんのために
あったのかな？

おすが めすに アピールするためや
くびを まもるためなど いろいろな
やくわりが かんがえられますが
また はっきりと わかっていません。

ながい **つの**
ながさは 1mも ありました。

ちゅうせいだい
はくあき

いちばん！

つのりゅうの なかで
さいだいきゅう

つのりゅうとは あたまに
つのが はえている
きょうりゅうの なかまです。

おおきさは ゾウよりも
ひとまわり おおきいです。
にくは たべずに
しょくぶつ だけを たべていました。

ヴェロキラプトル

こがたの きょうりゅうで ほかの
きょうりゅうと たたかっている
かせきが はっけんされています。

するどい **つめ**
うしろあしの おおきな
かぎづめで えものに
おそいかかっていました。

70

71

「いちばん」が わかる！

いちばんと いえる
とくちょうが ひとめで
わかります。
どんな ことが いちばんなのか
チェックしましょう。
とくべつな おおきさの
いきものは シルエットが
あります。

はくりょくの イラスト！

はくりょくのある
イラストで
たのしめます。
うごきかたや
なきごえなどを
じゆうに そうぞうして
みましょう。

しゃしんを みてみよう！

かせきや ひょうほんの
しゃしんは おおむかしの
いきもののことを しる
てがかりです。イラストと
くらべてみましょう。

つばさが じまん！

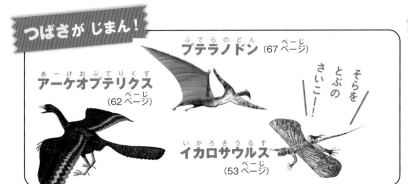

プテラノドン（67ページ）

アーケオプテリクス（62ページ）

そらを とぶの さいこ！

イカロサウルス（53ページ）

つのが じまん！

からだが おおきく みえるでしょ

オオツノジカ（95ページ）

トリケラトプス（70ページ）

はさみが じまん！

じつは きれあじが わるいんだよね

アクチラムス（32ページ）

つめが じまん！

みんなは ちゃんと つめきり してる？

アロサウルス（57ページ）

キンベレラ（19ページ）

とげが じまん！

とげとげで たべられないでしょ！

ウィワクシア（25ページ）

ハルキゲニア・スパルサ（24ページ）

ひれが じまん！

アノマロカリス（22ページ）

およぐときに べんり！

ユーステノプテロン（35ページ）

あたまが じまん！

トレマタスピス（31ページ）

ケファラスピス（37ページ）

ずつき あそびが だいすき！

モスコプス（47ページ）

どうして こうなったのか じぶんでも わからなくって

ディプロカウルス（50ページ）

せなかが じまん！

みんな おしゃれな せなかだね！

ステゴサウルス（58ページ）

アンキロサウルス（74ページ）

ディメトロドン（46ページ）

09

もくじ

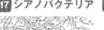

36 アカントステガ　36 イクチオステガ　37 アゴニアタイテス　37 ケファラスピス　38 ダンクルオステウス

せきたんき
40 ～ 43 ページ

41 メガネウラ　41 アースロプレウラ　42 カリドスクトル　42 ツリモンストラム

42 ヒロノムス　43 エリオプス

ペルムき
44 ～ 51 ページ

45 コエルロサウラヴス　45 パレイアサウルス

46 ディメトロドン　47 モスコプス　47 リカエノプス　48 メソサウルス　48 クセナカンサス　49 ヘリコプリオン

50 ディプロカウルス

さんじょうき
52 ～ 55 ページ

53 エウディ
モルフォドン　53 イカロサウルス　54 アデロバシレウス

54 レッセムサウルス　55 トリアドバトラクス　55 ユングイサウルス

ジュラき
56 ～ 65 ページ

57 アロサウルス

58 ステゴサウルス　60 ランフォンリンクス　60 ディプロドクス　61 ブラキオサウルス　62 アーケオプテリクス　62 アンキオルニス

63 ボラティコテリウム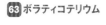

63 ジュラマイア

64 プレシオサウルス

65 プリオサウルス

はくあき
66 ～ 77 ページ

67 プテラノドン

67 ケツァルコアトルス

68 ティラノサウルス

70 トリケラトプス

71 ヴェロキラプトル

72 スピノサウルス

72 アルゼンチノ
サウルス

73 オヴィラプトル

74 アンキロサウルス

75 イグアノドン

75 パキケファロ
サウルス

76 フタバサウルス

76 モササウルス

77 アーケロン

こだいさんき
78 ～ 83 ページ

79 ガストルニス

80 ミアキス

80 ヒラコテリウム

81 パキケトゥス

81 プレシアダピス

82 パラケラテリウム

82 メガセロプス

83 アンドリュー
サルクス

83 ティタノボア

しんだいさんき
84 ～ 89 ページ

85 ジョセフォ
アルティガシア

85 プリオヒップス

86 メガロドン

87 リヴィアタン・
メルビレイ

87 ピカリア

88 フォルスラコス

89 オステオドントルニス

89 アルゲンタヴィス

とくしゅう

04 きょうりゅう　だいこうしん
08 こんな　いきものが　でてくるよ!
14 ちきゅうと　いきものの　れきし

さくいん

イラスト……加藤愛一　服部雅人　Takumi　伊藤丙雄＋岡本泰子　オオタユリ

写真……PIXTA　Adobe Stock　iStock　アフロ　alamy

カバー・本文デザイン……宇都木スズムシ
（ムシカゴグラフィクス　こどもの本デザイン室）

DTP……宇都木スズムシ・オバタアメンボ
（ムシカゴグラフィクス　こどもの本デザイン室）

編集協力……大槻寛・手﨑佳世（山栄プロセス　企画制作チーム）

校正……新山耕作

参考文献
『講談社の動く図鑑 MOVE　大むかしの生きもの』（講談社）
『学研の図鑑 LIVE　古生物』（Gakken）
『小学館の図鑑 NEO　大むかしの生物』（小学館）
『ニュートン　科学の学校シリーズ　古生物の学校』（ニュートンプレス）

ちきゅうと　いきものの　れきし

せんカンブリアじだい
やく46おくねんまえ～
やく5おく3900まんねんまえ

ちきゅうが　うまれた！

やく46おくねんまえ
できた　ばかりの
ちきゅうは
ひのうみ でした。

こんちゅうや　りょうせいるいが
とうじょうしました。

やく4おく1920まんねんまえ～
[デボンき]

みずの　なかから
りくに　あがる
どうぶつが　あらわれた！

うみが　できた！

やく44おくねんまえ
たくさん　あめが　ふり、
うみが　できました。

シアノバクテリアが　とうじょう！

やく27おくねんまえ
さんそを　つくる
いきものが
あらわれた！

やく4おく4380まんねんまえ～
[シルルき]

いきものに　あごが
できた！

りくで　しょくぶつが
そだつように　なりました。

こせいだい
やく5おく3900まんねんまえ～
やく2おく5190まんねんまえ

ちきゅうが　こおっちゃった！

やく22おくねんまえ
とても　さむくなり、
ちきゅうが　こおりに
つつまれました。

やく5おく3900まんねんまえ～
[カンブリアき]

やく4おく8540まんねんまえ～
[オルドビスき]

いきものが
ばくはつてきに　ふえた！

めに　みえる　おおきさの　いきものが　とうじょう！

あたたかくなり、いろいろな
いきものが　うみで　うまれました。

**めを　もつ
いきものが
うまれた！**

めや　かたい　からを
もった　いきものが
あらわれました。

さんようちゅうや
オウムガイなど、いきものの
しゅるいが　ふえました。

ちきゅうが できてから いきものは ながい じかんを かけて しんかしてきました。
やく46おくねんまえに もどって しんかの れきしを みていきましょう！

やく3おく5890まんねんまえ〜
[せきたんき]

はちゅうるいが
とうじょう！

りくも そらも
どうぶつが
たくさん！

ほにゅうるいや
きょうりゅうの
そせんが
あらわれました。

やく2おく5190まんねんまえ〜
[さんじょうき]

おおきな もりが でき、
こんちゅうの しゅるいが
ふえました。

やく2おく9890まんねんまえ〜
[ペルムき]
（べ る む）

ついに きょうりゅうが
とうじょう！

はちゅうるいが さかえ、
そらへの しんしゅつも
スタート。
（すたーと）

やく2おく140まんねんまえ〜
[ジュラき]
（じゅら）

やく1おく4500まんねんまえ〜
[はくあき]

ちゅうせいだい
やく2おく5190まんねんまえ
〜やく6600まんねんまえ

ゆうめいな
きょうりゅうたちが
うまれました。

きょうりゅうは
おおきくなり、
とりの なかまも
あらわれました。

おおがたの
きょうりゅうが
あらわれた！

きょうりゅうの
じだいが やってきた！

やく258まんねんまえ〜
[だいよんき]

ついに ひとも
とうじょう！

やく2303まんねんまえ〜
[しんだいさんき]

しんせいだい
やく6600まんねんまえ
〜げんざい

いぬや うまなどの
そせんが とうじょう！

やく6600まんねんまえ〜
[こだいさんき]

きょうりゅうが いなくなって
とりや ほにゅうるいが
さかえた！

もりや はやしが
ひろがりました。

そうげんが ひろがりました。

さまざまな ほにゅうるいが
せかいじゅうに ひろがり、
いまに つながっています。

15

せんカンブリアじだい

ちきゅう　たんじょう〜
やく5おく3900まんねんまえ

むかし　　　　　　　　　　　　　　　　　　　　　　　　　　　　　いま

■こせいだい　■ちゅうせいだい　■しんせいだい

やく　46おくねんまえに　ちきゅうが　できました。
やがて　うみが　でき、
めに　みえる　おおきさの
いきものが　はじめて　あらわれました。

シアノバクテリア

かみのけよりも　もっと　ほそくて
ちいさい　いきものです。

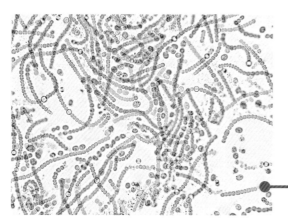

いちばん！

ちきゅうに　さんそを　つくりだした　さいしょの　いきもの

みどりの　ぶぶんで　ひかりを
きゅうしゅうして、
さんそを　つくります。

いまも　みれる！

せんちめーとる
1cm せいちょうするのに
25 ねんも　かかります。

ストロマトライト

シアノバクテリアの　しんだ
あとの　ものと　どろなどの
ちいさな　つぶが
つみかさなって
できた　ものです。
オーストラリアの　うみで
みることが　できます。

ひかり

ひかりを　もとめて
うえへ　のびていきます。

あいだに　はいった　すなや
どろが　かたまり、
つみかさなって　いわになります。

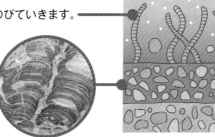

ディッキンソニア

からだの　まんなかから
みぞのような　ものが　のびていました。

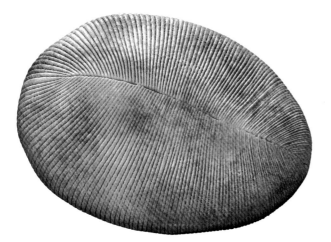

**せんカンブリアじだいで
いちばん　おおきい　いきもの**

おおきさは　さいだいで　1m くらい
ありました。

からだを　なみに
ゆらゆら　させながら
たっていたようです。

カルニオディスクス

したの　きゅうばんを
うみのそこに　くっつけて
くらしていました。

プテリディニウム

ふねのような　かたちの　からだは
まんなかで　くぎられています。
うみのそこに　からだの
いちぶを　うめていました。

トリブラキディウム

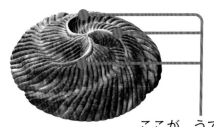

からだの　まんなかから　うずまきみたいに
カーブした　うでが　3つ　ありました。

ここが　うでと
かんがえられています。

つめの　ある　うで

キンベレラ

ふくらんだ　やわらかい　からを　もち、
つめがある　うでを　つかって
えさを　たべていました。

パルヴァンコリナ

からだには　ふねの　いかりみたいな
かたちが　ありました。

ヨルギア

ひらべったい　からだの　いきものです。
いどうした　あとが　かせきとして
のこっています。

うみの　そこを　はって
いどうしていました。

カンブリアき

<ruby>か<rt> </rt></ruby>ん<ruby>ぶ<rt> </rt></ruby>り<ruby>あ<rt> </rt></ruby>

やく 5 おく 3900 まんねんまえ〜
やく 4 おく 8540 まんねんまえ

むかし

いま

■こせいだい ■ちゅうせいだい ■しんせいだい

いきものは　めを　もつことで
あいてに　きづくことが　できるように　なりました。
かたい　からを　もった　いきものが　あらわれました。

オパビニア
おぱびにあ

あたまから のびている くだで えものを
つかまえ、くちに はこびました。

? めは
どのくらい みえて
いたのかな？

ひかりや てきの うごきが
みえていたようです。

5つも ある め
てきや えものを
はやく みつけられました。

ながい くだは ぞうの はなみたいに
うごかすことが できました。

ぎざぎざの ある
さきで えものを
つかまえました。

21

アノマロカリス・カナデンシス

おおきな めで えものを せいかくに
とらえ、2ほんの しょくしゅで つかまえ
たべていました。
おおきさは 1m に なります。

くらべてみよう！

イセエビ

びみょう！

さいしょに はっけんされたのは
どげのある しょくしゅだけで
えびと まちがえられたそうです。

たくさんの **ひれ**

およぐために つかっていました。

いちばん！
カンブリアきで
さいだいきゅうの いきもの

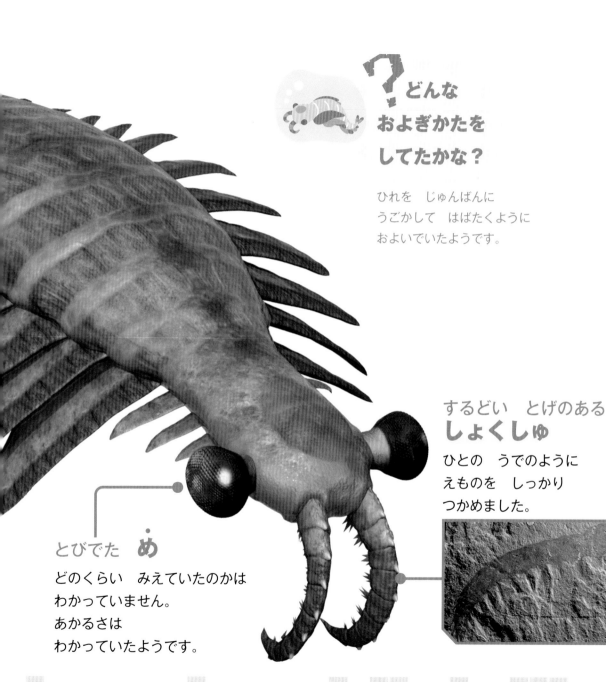

？どんな およぎかたを してたかな？

ひれを　じゅんばんに
うごかして　はばたくように
およいでいたようです。

するどい　とげのある しょくしゅ

ひとの　うでのように
えものを　しっかり
つかめました。

とびでた　め

どのくらい　みえていたのかは
わかっていません。
あかるさは
わかっていたようです。

ハルキゲニア・スパルサ

たくさんの　とげと
あしが　はえています。

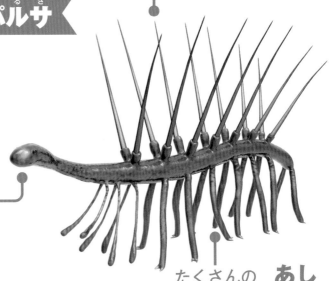

たくさんの　**とげ**

ちいさな　めと
くちが　あります。

たくさんの　**あし**

20ぽんも　あります。
そのなかの　14ほんの
あしには　つめが　ありました。

ミロクンミンギア

いちばん　ふるい　さかなの
なかまで、からだの
ながさは　3cm くらいで
ちいさかったです。

いちばん!

さいしょの　せきついどうぶつ

せきついどうぶつとは、
せぼねのある　いきものです。

せびれと　はらびれが　あるので
およげたと　いわれていますが、
はやく　およげたかは　わかっていません。

くらべてみよう!

マイワシ

にてる!

24

ディノミスクス

ほそながい　からだの　ぶぶんを　うみの　そこや
いわに　くっつけて　くらしていました。
おはなの　ような　かたちですが　どうぶつです。

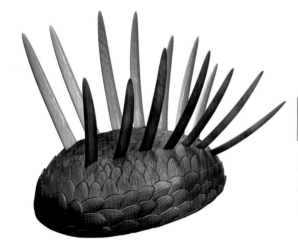

ウィワクシア

からだは　かたい　うろこで
おおわれていて、
なないろに　ひかっていました。

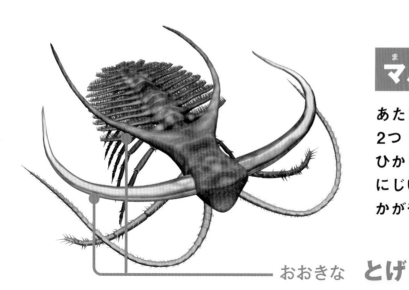

マルレラ

あたまに　とげが
2つ　あります。
ひかりを　はんしゃして
にじいろに
かがやいていました。

おおきな　とげ

オルドビスき
おるどびす

やく 4 おく 8540 まんねんまえ〜
やく 4 おく 4380 まんねんまえ

むかし

いま

■こせいだい　■ちゅうせいだい　■しんせいだい

いきものの　しゅるいが　ものすごく
ふえた　じだいです。

エーギロカシス

おおきさは 2mと、アノマロカリス（22ページ）の
なかまでは さいだいきゅうです。

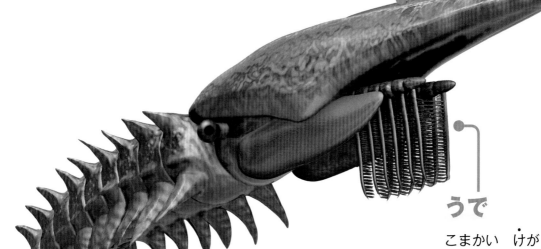

おおきな **あたま**

からだの はんぶんが
あたまです。

こせいだい｜オルドビスき

うで

こまかい けが
はえていて、ここを
とおる えさだけを
たべていました。

ルナタスピス

みかづきみたいな かたちの
あたまが とくちょうです。

いちばん！

**カブトガニの
せんぞで
いちばん ふるい**

くらべてみよう！

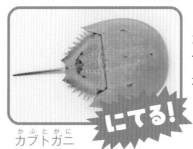

カブトガニは おおむかしから
すがたを ほとんど
かえていません。

にてる！

カブトガニ

サカバンバスピス

はんえんけいの　くちは
あいたままでした。およぎながら
プランクトンなどを　たべていました。

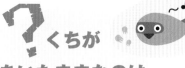
**？くちが
あいたままなのは
なんでだろう？**

あごが　ないので　くちを
とじられなかったようです。

あいたままの　**くち**

くちは　うでの　ねもとに　あって
えものを　くだける
かたい　くちばしが　あります。

カメロケラス

オウムガイの　なかまです。
なんぼんも　ある　うでで
えものを　つかまえます。

いちばん！
オルドビスきで
さいだいきゅうの
いきもの

28

ながい からの なかは
いくつもの へやに わかれています。

イソテルス

からだの ながさが 70cm もある
さんようちゅうの なかまです。

セラウルス

4ほんの ながい とげが ある
にんきの さんようちゅうの なかまです。

いちばん！

さんようちゅうの なかまで
いちばん おおきい

さんようちゅうの かせきは
じだいを しるために
とても たいせつです。

シルルき
<ruby>シ<rt>し</rt>ル<rt>る</rt>ル<rt>る</rt></ruby>き

やく 4 おく 4380 まんねんまえ〜
やく 4 おく 1920 まんねんまえ

むかし　　　　　　　　　　　　　　　　　　　　　いま

■こせいだい　■ちゅうせいだい　■しんせいだい

さまざまな　しゅるいの　さかなと
ウミサソリの　なかまが　はんえいしました。
じだいの　おわりには　あごを　もつ
さかなが　とうじょうしました。

メガマスタックス

おおきな　くちで、ほかの　いきものを
つかまえて　たべることが　できました。

こせいだい｜シルルき

りっぱな　**あご**

たべものを　かむことが
できました。

トレマタスピス

からだの　はんぶんは　まるい
ほねの　いたで　おおわれていました。
あごは　なく、およぎは
とくいでは　ありませんでした。

うみの　そこで　くらしていたので
めは　からだの　うえに　ありました。

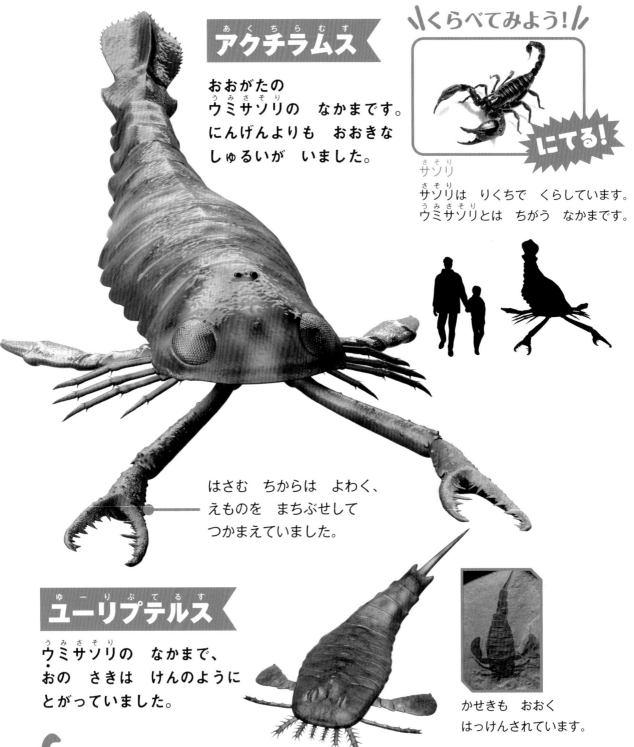

アクチラムス

おおがたの
ウミサソリの　なかまです。
にんげんよりも　おおきな
しゅるいが　いました。

くらべてみよう！

にてる！

サソリ

サソリは　りくちで　くらしています。
ウミサソリとは　ちがう　なかまです。

はさむ　ちからは　よわく、
えものを　まちぶせして
つかまえていました。

ユーリプテルス

ウミサソリの　なかまで、
おの　さきは　けんのように
とがっていました。

かせきも　おおく
はっけんされています。

32

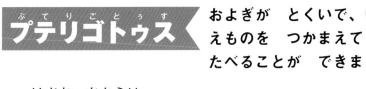

プテリゴトゥス

およぎが　とくいで、いろいろな
えものを　つかまえて
たべることが　できました。

はさむ　ちからは
つよかったです。

ヴェヌストゥルス

カブトガニの　なかまで、
めずらしい　しゅるいです。

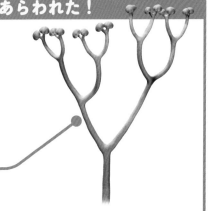

おなかは　10この
ふしに　わかれています。

この　じだいに　しょくぶつが　あらわれた！

クックソニア

シルルきには　りくで　しょくぶつが
そだつように　なりました。
ひとさしゆびと　おなじくらいの
たかさまで　そだちました。

はっぱは　なく、コケのように
たくさん　あつまって　はえていました。

33

あごを もった さかなが はんえいした じだいです。
こんちゅうや りょうせいるいも とうじょうしました。

デボン_き

でぼんき

やく 4 おく 1920 まんねんまえ〜
やく 3 おく 5890 まんねんまえ

むかし いま

■ こせいだい　◥ ちゅうせいだい　■ しんせいだい

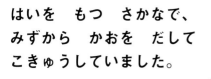
ユーステノプテロン

はいを　もつ　さかなで、
みずから　かおを　だして
こきゅうしていました。

むなびれの
なかに　うでのような
ほねが　ありました。

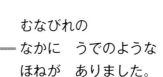
ティクターリク

くびを　うごかすことや、
うでたてふせを　するようにして、
からだを　もちあげることが
できました。

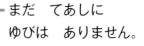

まだ　てあしに
ゆびは　ありません。

こせいだい　｜　デボンき

いちばん！

さいしょの　りょうせいるい

ちいさなころは　えらで、
おおきくなると　はいで
いきをしました。

アカントステガ

おもに　みずのなかで
くらしていたようです。

—— 8ほんの　ゆびが　ありました。

？なんで
すいちゅうから　りくに
あがったんだろう？

よいしょ

あたらしい　えさや　くらす　ばしょを　もとめて
うみから　りくに　あがったとも　いわれています。

イクチオステガ

りくちでも　いきられるよう
からだは　がんじょうに
できていました。

いちばん！

はじめて　りくちに　あがった
4ほんあしの　どうぶつ

—— かわの　あさいところを
あるきまわることが　できました。

アゴニアタイテス

まいた からを もっていた
アンモナイトの なかまです。

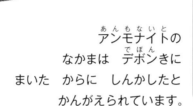

くらべてみよう！

アンモナイトの
なかまは デボンきに
まいた からに しんかしたと
かんがえられています。

オウムガイ

にてる！

ケファラスピス

かぶとの ような かたちの ほねで
おおわれた あたまが
とくちょうです。

うみのそこを ゆっくりと
およいでいました。

37

ダンクルオステウス

かむ ちからが つよく、
くちも おおきく あけられるので
おおきな えものも たべることが できました。

**？なにを たべて
つよくなったのかな？**

さかなや アンモナイトを
たべていたようです。
なかまを たべてしまうほど
おおぐいでした。

・はに みえますが
とがった するどい ほねです。

かむ ちからの つよさは
ホホジロザメの 2ばいとも、
いわれています。

いちばん！

ばんぴるいの　なかで
いちばん　おおきい　さかな

ばんぴるいとは　あたまから　どうたいに
かけて　ぶあつい　ほねで
おおわれている　さかなです。
おおきなものは　6m（めーとる）も　ありました。

せきたんき

やく 3 おく 5890 まんねんまえ〜
やく 2 おく 9890 まんねんまえ

むかし   いま

■こせいだい　■ちゅうせいだい　■しんせいだい

きょだいな　もりが　できあがり
こんちゅうの　しゅるいが　ふえました
はちゅうるいも　とうじょうしました。

メガネウラ

はねを　ひろげると
70cm よりも　おおきい
トンボです。

いちばん！

いちばん
おおきな
こんちゅう

せきたんきは　さんそが
おおかったので、メガネウラのように
からだが　おおきくなりました。

くらべてみよう！

にてる！

オニヤンマ

アースロプレウラ

からだが　2m より　おおきく、
ふしは　30こくらい
ありました。

カリドスクトル

ぜつめつしたと
おもわれていましたが、
いきていることが わかり、
せかいを おどろかせた
シーラカンスの なかまです。

あご

め

ツリモンストラム

よこに とびだした め、
さきに とげとげの
はのような ものが ついた あごなど、
まだ なぞが おおい いきものです。

ヒロノムス

きの みきの あなから かせきが みつかりました。
こんちゅうなどを たべていました。

いちばん!

さいしょの はちゅうるい

りくちで たまごを うんだ
さいしょの いきものです。

くらべてみよう!

にてる!

ニホントカゲ

いまの ニホントガケと
からだの かたちが そっくりでした。

42

エリオプス

ながい　しっぽと　がっしりした
あしが　とくちょうです。
およぐ　だけでなく　りくを
あるくことも　できました。

いちばん！

**せきたんきで　いちばん
おおきい　りくちの
にくしょくどうぶつ**

このじだいに　もりが　あらわれた！

ロボク

せきたんきは　おおきな　きが　そだってきて
りくちに　もりが　できてきました。
この　じだいの　しょくぶつが　ちちゅうに
うもれて　せきたんに　なりました。

ふしが　あるので
おおきな
つくしみたいです。

つくし

ペルムき
<ruby>ぺ<rt>ぺ</rt></ruby>るむ

やく2おく9890まんねんまえ〜
やく2おく5190まんねんまえ

むかし　　　　　　　　　　　　　　　　　　　　　　　　　　いま

■こせいだい　■ちゅうせいだい　■しんせいだい

ほにゅうるいの　そせんが　はんえいしました。
ペルムきの　おわりには
ほとんどの　どうぶつが　ぜつめつしました。

コエルロサウラヴス

つばさを ひろげ、きから きへ
とんで いどうしていました。

いちばん!

**さいしょに
そらを とんだ
はちゅうるい**

はちゅうるいは
からだが うろこで
おおわれ、からに
つつまれた たまごを
うむ いきものです。

つばさは ほそい ほねと
ひふで できていました。

\\!/ くらべてみよう! \\!/

とびとかげ
トビトカゲ

どちらも かぜに
のって とびます。

にてる!

こせいだい｜ペルムき

パレイアサウルス

からだは おおきく、3m くらい あります。
あたまの てっぺんが たいらで
ほおが でっぱっていました。

せなかの つぶつぶは
ほねで できていました。

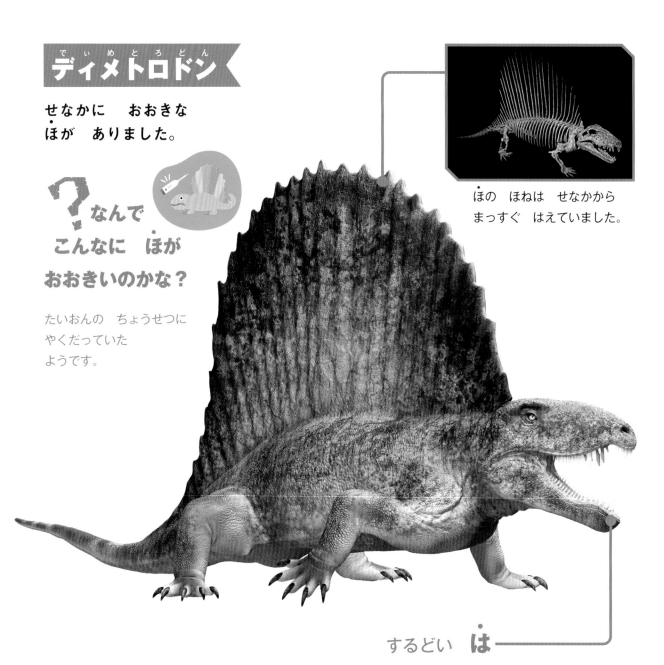

ディメトロドン

せなかに　おおきな
・ほが　ありました。

？ なんで
こんなに　ほが
おおきいのかな？

たいおんの　ちょうせつに
やくだっていた
ようです。

・ほの　ほねは　せなかから
まっすぐ　はえていました。

するどい　**は**

えものの　にくを
かみちぎることが　できました。

モスコプス

あたまの　てっぺんが　たいらで　かたく、
からだの　おおきさも　3m ありました。

ぶあつい　ほねの
あたま

あたまを　ぶつけあって
いました。

？ だれと
ずつきを
していたのかな？

モスコプス　どうしが
ずつきを　しました。

こせいだい｜ペルムき

ながい　**きば**

リカエノプス

うわあごに　ながい
きばを　もち、
ほかの　どうぶつを
おそっていました。

メソサウルス

ながい しっぽで みずのなかを
およいでいました。

たくさんの は

はの すきまを とおって くちに
はいる ちいさな えさを
たべていました。

ながい とげは
みを まもるために
つかっていました。

クセナカンサス

サメや エイの なかまです。
あたまの うえから ながい とげが
はえていました。

48

ヘリコプリオン

100こいじょうの はが ぐるぐると
うずまきのように ならんでいました。

こせいだい ｜ ペルムき

うずまきの ような は

おおきさは にんげんの
あたま 2つぶんくらいの
40cm も あります。

？ なぜ
うずまきのように はが
ならんでいるの？

えさを くちの おくに
はこぶのに べんりだったようです。

ディプロカウルス

さんかくけいの　あたまが　とくちょうで、
みずの　なかで くらしていました。
1m も　ある　おおきな　りょうせいるいです。

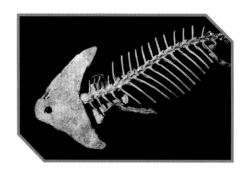

くらべてみよう！

からだの　おおきさや、
ひらべったい　すがたと
ながいしっぽが
にています。

にてる！

オオサンショウウオ

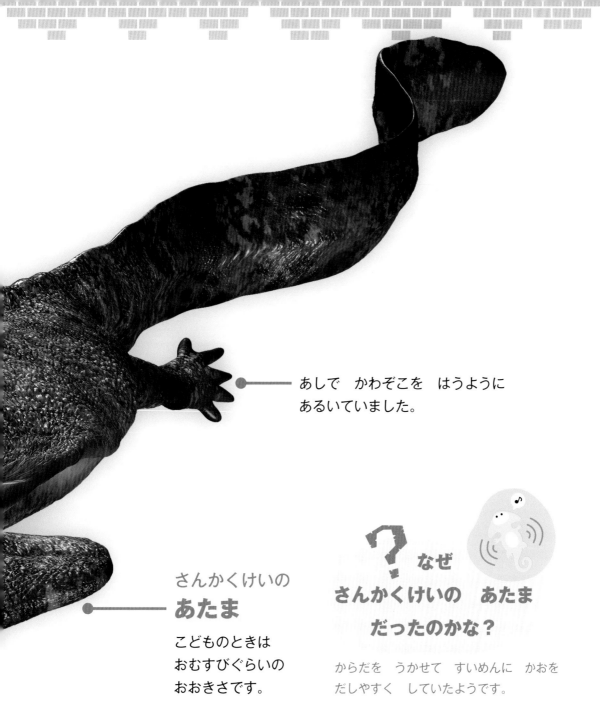

あしで　かわぞこを　はうように
あるいていました。

さんかくけいの
あたま
こどものときは
おむすびぐらいの
おおきさです。

？なぜ
さんかくけいの　あたま
だったのかな？

からだを　うかせて　すいめんに　かおを
だしやすく　していたようです。

はちゅうるいが　さかえ、
そらを　とぶものが　ふえてきました。
そして　きょうりゅうが　とうじょうしました。

さんじょうき

やく 2 おく 5190 まんねんまえ〜
やく 2 おく 140 まんねんまえ

むかし　　　　　　　　　　　　　　　　　　　　　　　　　　　　　いま

■こせいだい　■ちゅうせいだい　■しんせいだい

エウディモルフォドン

ひろげると　1m ある、
おおきな　つばさを　ひろげて
そらを　とびました。

おおきな　はと
ちいさな　はで
さかなや　かいを
たべていました。

さいしょに　そらを
とんだ　よくりゅう

よくりゅうとは　つばさを
もった　はちゅうるいの
なかまです。

イカロサウルス

きの　うえで　せいかつを
していました。
むねと　おなかの　ところに
つばさが　ありました。

くらべてみよう！

どちらも
そらを
すべるように
とびます。

グライダー

にてる！

グライダーの　ように
つばさを　ひろげたまま
とびました。

53

アデロバシレウス

にくしょくどうぶつの　うんちの　かせきの
なかから　ちいさい　あたまの　ほねが
はっけんされました。

いちばん！

さいしょの
ほにゅうるい

ほにゅうるいとは
あかちゃんとして　うまれ、
ミルクで　そだつ
いきものです。

レッセムサウルス

くびと　しっぽが　ながく、
からだぜんたいで　10m　も　ありました。
にくは　たべず、きの　めや
はっぱなどを　たくさん　たべる
きょうりゅうです。

いちばん！

さんじょうきで
いちばん　おおきい
りくの　どうぶつ

がっしりした　4ほんの　あしで
しっかり　からだを　ささえて
あるくことが　できました。

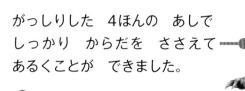

みじかい　しっぽが
ありました。

ゆびの　あいだには
みずかきが　ありました。

いちばん！

さいしょに　あらわれた
カエルの　なかま

トリアドバトラクス

あしや　どうたいの　ながさなどから、
ジャンプは　できなかったと
かんがえられています。

くらべてみよう！

アマガエル

びみょう！

いまの　カエルは
まえあしが　みじかく、
うしろあしが
ながく　なっています。

ちゅうせいだい　さんじょうき

しっぽは　そせんからの　なごりで、
およぐのには　あまり　かんけいなかったと
かんがえられています。

ユングイサウルス

くびが　とても　ながく、
あしは　ひれのように　なっていました。

きょうりゅうが きょだいかしました。
とりも あらわれました。

ジュラき

（じゅら）

やく2おく140まんねんまえ〜
やく1おく4500まんねんまえ

むかし | いま

■ こせいだい　■ ちゅうせいだい　■ しんせいだい

アロサウルス

まえあしの　ながい　かぎづめと　ナイフのような　はで
えものを　おそって　たべていました。

ティラノサウルス（68ページ）よりも
ほっそり　した　からだです。

ちゅうせいだい　ジュラき

いちばん！

ジュラきの
にくしょくきょうりゅうで
いちばん　おおきい

にくしょくとは　いきるために
ほかの　いきものの　にくを
たべることです。

とげの ある **しっぽ**

アロサウルス (57 ページ) を とげで つらぬいた
かせきも はっけんされています。

ステゴサウルス

せなかに ならんでいる ほねの いたが
とくちょうの きょうりゅうです。
しっぽの おおきな とげを ぶきにして
にくしょくきょうりゅうから
・みを まもっていました。

いちばん！

けんりゅうの なかで いちばん おおきい

けんりゅうとは けんのような ほねを
せなかに もつ きょうりゅうの なかまです。

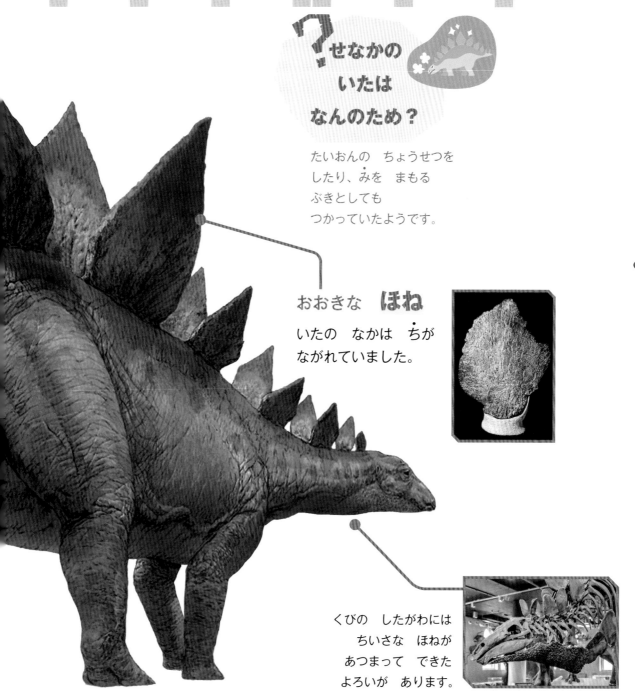

**？ せなかの
いたは
なんのため？**

たいおんの　ちょうせつを
したり、みを　まもる
ぶきとしても
つかっていたようです。

おおきな　**ほね**

いたの　なかは　ちが
ながれていました。

くびの　したがわには
ちいさな　ほねが
あつまって　できた
よろいが　あります。

ちゅうせいだい｜ジュらき

ランフォンリンクス

つばさを　ひろげると
2mにもなる　よくりゅう。
うみの　うえを
とびながら、さかななどを
つかまえて　いました。

ながい　**しっぽ**

しっぽの　さきは
うちわみたいに
ひろがっていました。

ディプロドクス

ながい　しっぽが　とくちょうです。
あごに　びっしり　ならんだ　ほそながい　はで
はっぱを　えだから　すきとって　たべていました。

あたまから　しっぽの
さきまでの　ながさは　24mで、
しょうがっこうの　プールと
おなじくらいの　ながさです。

ブラキオサウルス

- せが たかくて たいじゅうも おもい きょうりゅうです。
- せの たかい きの はっぱや めも たべることが できました。

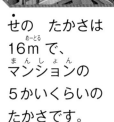

- せの たかさは 16m で、マンションの 5かいくらいの たかさです。

たいじゅうは ゾウ12とうぶんも ありました。

ちゅうせいだい ジュラき

ながい **しっぽ**

むちのように ふって ぶきとして つかい、にくしょくきょうりゅうから みを まもりました。

アーケオプテリクス（しそちょう）

はばたくことが できないと
されていましたが、
さいきんの けんきゅうでは
できたという かんがえも
あります。

アンキオルニス

あかい とさかと
しろと くろの しまもようの
うもうが とくちょうです。

うしろあしと しっぽにも
うもうが あります。

くらべてみよう！

にてる！

ニホンモモンガ

どちらも　ひるまは
すやすや　ねていて、
よるに　おきて　かつどうします。

ボラティコテリウム

てと　あしの　あいだに　まくが　あり、
たかい　ところから　かぜを　うけて
とぶことが　できました。

いちばん！

とぶことが　できた
さいしょの　ほにゅうるい

ちゅうせいだい　ジュラき

ジュラマイア

おおきさは　6cmと　とても
ちいさな　ほにゅうるいです。
きの　うえで　こんちゅうを
つかまえて　たべていました。

りょうほうの　まえあしで　きの　みきや
えだを　しっかり　つかめるので、
きのぼりが　とくいでした。

プレシオサウルス

ながい くびが とくちょうの
くびながりゅうという
はちゅうるいです。
うみの なかで くらしていて、
さかななどを つかまえて
たべていました。

いちばん！

さいしょに みつかった
くびながりゅう

やく200 ねんまえに イングランドで
かせきが はっけんされました。

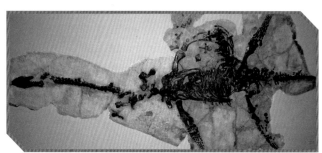

プリオサウルス

あたまも　くちも　おおきく、かむ　ちからも
つよい、くびながりゅうの　なかまです。

ちゅうせいだい

ジュラき

おおきくて　ふとい　は

ほかの　どうぶつを
かみちぎって　たべていました。

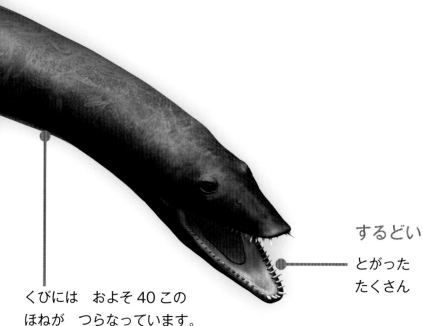

するどい　は

とがった　はが
たくさん　はえていました。

くびには　およそ 40 この
ほねが　つらなっています。

はちゅうるいが　ぜんせいきを
むかえました。
みんなも　しっている
おおがたの　きょうりゅうが
あらわれました。

はくあき | やく1おく4500まんねんまえ〜
やく6600まんねんまえ

むかし

■こせいだい　■ちゅうせいだい　■しんせいだい

いま

プテラノドン
（ぷてらのどん）

あたまの　うしろに　おおきな　とさかが　ありました。
・はが　ないので　さかなを　まるのみにして　たべていました。

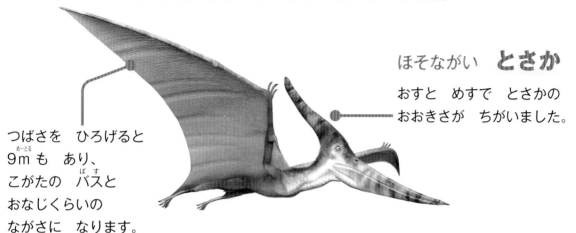

つばさを　ひろげると
9m（めーとる）も　あり、
こがたの　バス（ばす）と
おなじくらいの
ながさに　なります。

ほそながい　**とさか**

おすと　めすで　とさかの
おおきさが　ちがいました。

ケツァルコアトルス
（けつぁるこあとるす）

つばさを　ひろげると　10m（めーとる）も　あり、
おもすぎて　とべなかったと　おもわれていました。
でも、ほねが　かるかったので　とべたと
かんがえる　ひとも　います。

ほねには　ちいさな
あなが　たくさん
あいていて
かるかったそうです。

いちばん！

よくりゅうの　なかまで
いちばん　おおきい

ティラノサウルス

さいきょうの　にくしょくきょうりゅうです。
がっしりとした　おおきな　からだと
するどい　きゅうかくで　えものを　とらえ、
ちからづよい　あごと　ふとい　はで
ほねごと　かみくだいて
たべてしまいます。

くらべてみよう！

トカゲ

にてる！

ティラノは　「らんぼうな　おうさま」、
サウルスは「とかげ」という　いみです。

するどい　つめ

まえあしには　かぎの　ような
みじかい　つめが
はえています。

きょうりょくな　あご

かむ　ちからが　つよく
するどい　はで　かまれた
えものは　ひとたまりも
ありませんでした。

うろこで　おおわれていましたが、
せなかに　すこしだけ　けが
はえていたとも　いわれています。

おおきさは　12m あり、
2かいだてバスと
おなじくらいでした。

はやく　はしることが　できたのか
それとも　あるくことしか　できなかったのか
まだ　はっきりと　わかっていません。

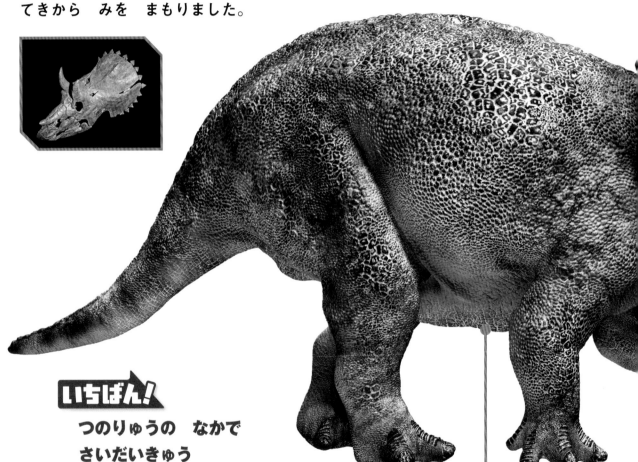

トリケラトプス

つのと あたまの うしろの フリルが とくちょうの
しょくぶつしょくきょうりゅうです。
こどものころは みんなで いっしょに くらして、
てきから みを まもりました。

いちばん！

つのりゅうの なかで
さいだいきゅう

つのりゅうとは あたまに
つのが はえている
きょうりゅうの なかまです。

おおきさは ゾウよりも
ひとまわり おおきいです。
にくは たべずに
しょくぶつ だけを たべていました。

おおきな フリル

ほねで できた
かざりのようなものが
ありました。

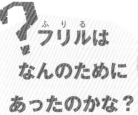

？ フリルは なんのために あったのかな？

おすが めすに アピールするためや
くびを まもるためなど いろいろな
やくわりが かんがえられますが
まだ はっきりと わかっていません。

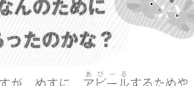

ちゅうせいだい
はくあき

ながい つの

ながさは 1m も ありました。

ヴェロキラプトル

こがたの きょうりゅうで ほかの
きょうりゅうと たたかっている
かせきが はっけんされています。

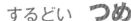

するどい つめ

うしろあしの おおきな
かぎづめで えものに
おそいかかっていました。

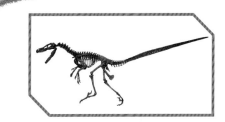

スピノサウルス

せなかの　おおきな　ほには
たいおんの　ちょうせつや　つよさを
アピールするための　やくわりが
あったと　かんがえられています。

ひれの　ある
しっぽ

およぐのに
やくだっていました。

ながい　くちと　するどい　はで
さかなを　たべていました。

アルゼンチノサウルス

あたまから　しっぽまでの
ながさが　30 m、
たいじゅうは
90 トンちかくも
あった　おおきな
きょうりゅうです。

オヴィラプトル

たくさんの　たまごの　かせきの
ちかくで　みつかりました。

はの
かわりに　おおきな
くちばしが　ありました。

ちゅうせいだい

はくあき

いちばん！

**ちきゅうの　れきしの　なかで
さいだいの　りくじょうどうぶつ**

たいじゅうは　ゾウ 20 とうと
おなじくらいです。

73

アンキロサウルス

ならんでいる　ほねの　かたまりと、
しっぽの　さきの　おおきな　こぶを
ふりまわして　みを　まもっていました。

ほねの　かたまりは　かるくて
じょうぶでした。

あたまの　ほねは
25cm も　あつさが　あり、
ずつきしても　われませんでした。

いちばん！

よろいりゅうの　なかで　さいだい

よろいりゅうとは　よろいのような
ほねや　かわに、からだが
つつまれている　きょうりゅうです。

こぶは　ほねで　できていて、ふりまわすと
あいての　ほねを　くだくことが　できました。

イグアノドン
（いぐあのどん）

まえあしの　おやゆびが
とがっていて　くちの　なかには
たくさんの　はが　あります。

いちばん！

さいしょに　かせきが
はっけんされた
きょうりゅう

パキケファロサウルス
（ぱきけふぁろさうるす）

あたまの　てっぺんが
たかく　もりあがっていて
まわりに　とげが　ありました。

75

フタバサウルス

にっぽんの　こうこうせいが
さいしょに　かせきを　みつけました。
「フタバスズキリュウ」と
よばれることも　あります。

はっけんされたとき、
ぜんしんの　おおくの
ほねが　のこっていました。

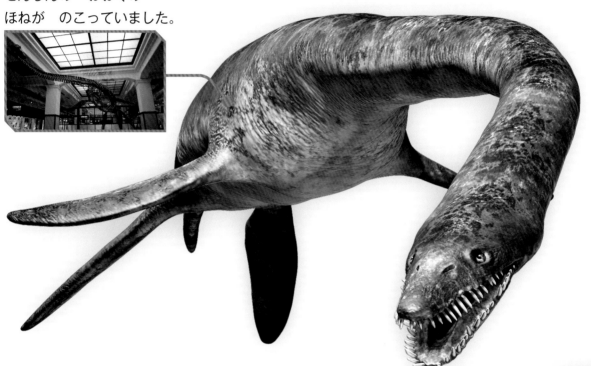

ながい　**あたま**

ひとの　からだが　すっぽり　はいる
くらいの　ながさが　あります。

モササウルス

するどい　はと　あごの　ちからで
ウミガメなどの　おおきい　えものも
かみくだいて　たべていました。

アーケロン

からだの　おおきさが
4m も　あります。
つよい　あごは
アンモナイトの　からを
かみくだく　ちからも
ありました。

こうらは　2m よりも
おおきく、ベッドくらいの
ながさが　ありました。

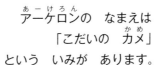

いちばん！
カメの　なかまで
いちばん　おおきい

アーケロンの　なまえは
「こだいの　カメ」
という　いみが　あります。

ちゅうせいだい｜はくあき

くらべてみよう！

ウミガメ

にてる！

きょうりゅうや　はちゅうるいに　かわり、
とりや　ほにゅうるいが　はんえいしました。

こだいさんき
やく6600まんねんまえ〜
やく2303まんねんまえ

むかし

いま

■こせいだい　◤ちゅうせいだい　■しんせいだい

ガストルニス

せの たかさが 2m も ある、おおきな とりで、とぶことが できませんでした。

くらべてみよう！

ダチョウも せの たかさは 2m。
からだの つくりは ダチョウよりも カモの なかまに ちかかったようです。

びみょう！

ダチョウ

ものを じょうずに はさめる おおきな くちばしで、たねを たべていました。

しんせいだい
こだいさんき

ミアキス

ちじょうと きの うえの りょうほうで くらすことが
できました。いぬと ねこの きょうつうの そせんです。

みじかく がっしりした あしで
しっかりと あるきました。

ヒラコテリウム

いまの おおきな いぬと
おなじくらいの おおきさです。

いちばん！

さいしょに
あらわれた
ウマの そせん

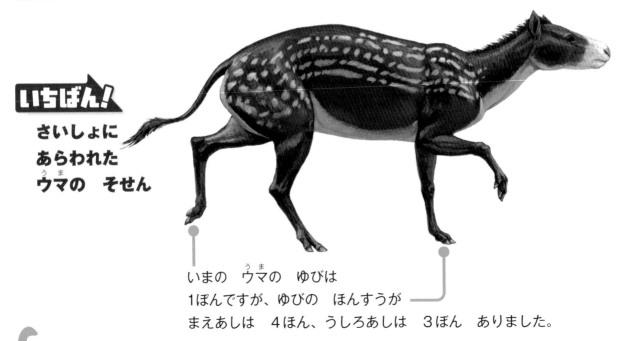

いまの ウマの ゆびは
1ぽんですが、ゆびの ほんすうが
まえあしは 4ほん、うしろあしは 3ぼん ありました。

パキケトゥス

しっかりとした あしが ありますが、
じつは クジラの そせんです。

ゆびの あいだには
みずかきが ありました。

しんせいだい ── こだいさんき

くらべてみよう!

ほとんどを みずべで すごしていました。
てきが くると みずの なかに にげました。

びみょう!

ザトウクジラ

プレシアダピス

ながい しっぽが とくちょうの
さるの なかまです。

さると おなじように しっぽで
バランスを とっていました。

パラケラテリウム

くびと あしが ながく、からだも おおきいのに
はしるのが はやかったと かんがえられています。

いちばん！

**しじょう さいだいきゅうの
りくちに すむ ほにゅうるい**

キリンよりも せが たかく、
2かいだての おうちと
おなじくらいの
おおきさです。

ふとい
あしで
からだを
しっかり
ささえます。

おおきさは
5m で、くるまと
おなじくらいです。

メガセロプス

むれを つくって くらし、
はっぱや くさを
たべていました。

アンドリューサルクス

あたまは　おおきく、からだ　ぜんたいの
4ぶんの1くらいの　ながさが　ありました。

いちばん！

もっとも　おおきい
にくしょくの
ほにゅうるい

するどい　は

かたい　ほねも
かみくだきました。

ながさは　13m、バスのながさと
おなじくらいで　たいじゅうも
1トンを　こえて　いました。

いちばん！

しじょう　さいだいきゅうの　ヘビ

ティタノボア

さむさに　よわく、あつい　ところで
くらしていた　おおきな　ヘビです。

しんだいさんき | やく 2303 まんねんまえ〜 やく 258 まんねんまえ

むかし　　　　　　　　　　　　　　　　　　　　　　　　　いま

■ こせいだい　▨ ちゅうせいだい　■ しんせいだい

イヌや　ウマの　なかまなど、はしるのが
とくいな　ほにゅうるいが　あらわれました。

ジョセフォアルティガシア

カピバラの　ばいいじょうの　おおきさで、
たいちょうは　3m、たいじゅうは　1トンを　こえていました。

くらべてみよう！

にてる！

カピバラ

カピバラの　たいじゅうは
おとなで　50kg です。

しんせいだい しんだいさんき

いちばん！

いちばん　おおきい　げっしるい

げっしるいとは　いっしょう　のびつづける
まえばを　もつ　ほにゅうるいです。

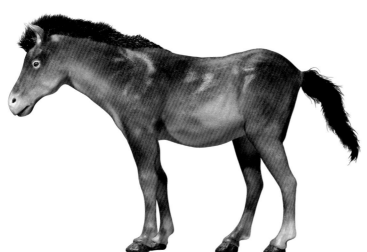

プリオヒップス

いまの　ウマと　おなじように
あしの　ゆびの　かずが
1ぽんに　なった、
さいしょの　うまです。

メガロドン
（めがろどん）

70ぽんいじょう　はえていた
するどい　はで、クジラ（くじら）などの
おおきな　ほにゅうるいも
たべることが　できました。

いちばん！

サメ（さめ）の　なかまで
いちばん　おおきい

おおきさは　15m（めーとる）も
ありました。

くらべてみよう！

ホホジロザメ（ほほじろざめ）
3ひきぶんの
おおきさだったようです。

ホホジロザメ（ほほじろざめ）

にてる！

①こがた　サメ（さめ）の　はの　かせき
②メガロドン（めがろどん）の　はの　かせき
③ホホジロザメ（ほほじろざめ）の　は

86

リヴィアタン・メルビレイ

「メルビルの　かいぶつ」という
いみの　なまえを　もつ　クジラです。
おおきな　はが　あごの
じょうげに　ならんでいました。

しんせいだい ── しんだいさんき

するどい　は

ほかの　クジラも
たべていました。

ビカリア

にっぽんの　だいひょうてきな　まきがいです。
あたたかい　うみの　ちそうから
かせきが　はっけんされています。

フォルスラコス
ふぉるすらこす

にんげんの　おとなよりも　おおきく、
2m もある　とりです。
めーとる
がんじょうな　くちばしで
えものを　おそって　いました。

するどい　**くちばし**

えものの　ほねまで
くだき　たべていました。

つばさは　ちいさく、
そらは　とべません。

オステオドントルニス

ながい　きょりを　とぶことが　でき、
さかなを　つかまえて　たべていました。

しんせいだい｜しんだいさんき

くちばしを　ひらくと
はのような　ぎざぎざが　あり、
えものを　くわえるときは
すべりどめに　なりました。

アルゲンタヴィス

たいじゅうが　70kg くらいあり、そらを　とぶ
とりでは　もっとも　おもいと　されています。

つばさを
ひろげると　5m あり、
くるまくらいの
おおきさに　なりました。

だいよんき

むかし ■■■■■■■■■■■■■■■■ いま

■こせいだい ■ちゅうせいだい ■しんせいだい

さまざまな ほにゅうるいが いきる ばしょを ひろげ、
げんざいに つづいています。

スミロドン

サーベルタイガーとも よばれています。
ちからづよく がっしりとした まえあしで
えものを こうげきしていました。

ながい は

するどい 2ほんの はを
えものに くいこませていました。

しんせいだい
だいよんき

ダイアウルフ

いまの オオカミよりも
からだが おおきく、
むれで せいかつを
していました。

オオカミよりも ジャッカルの
なかまに ちかいようです。

くらべてみよう！

にてる！

オオカミ

91

ケナガマンモス

さむい　ちいきに
すんでいた　マンモスです。
こおったままの　かせきが
たくさん　はっけんされています。

ながい　**きば**

きばは　ながい　もので
4m　いじょう　あったそうです。

？なんで
ぜつめつしたの？

おんだんかで　たべものが
へったことや、ひとに
たくさん　かられたことが
げんいんと　いわれています。

たいおんを
にがさないように
ほかの　ゾウよりも　みみが
ちいさかったようです。

にてる！

アジアゾウ

おおきさは　アジアゾウより
ひとまわり　おおきいです。

からだは　けで
おおわれているので、
あたたかく
すごすことが
できました。

たいおんを
にがさないように
おしりの　あなに
ふたをすることが
できました。

じんるいの　そせん

しんせいだいには　ひとの
そせんも　とうじょうしました。

アルディピテクス・ラミダス

しんだいさんきに
あらわれました。
・きの　おおい　ばしょで
くらしていました。

しんせいだい　だいよんき

ホモ・サピエンス

だいよんきになり
20 まんねんまえに
あらわれました。
いしなどで　つくった
どうぐを　つかいました。

さむい　ちいきに　すみ、ぜんしんが
ながい　けで　おおわれていました。

つのは　けが
まとまり、かたくなったものです。

メガテリウム

おおきさが　6m も　ある、ナマケモノの
なかまです。　きのぼりをせず、たちあがって
きの　はっぱを　たべていました。

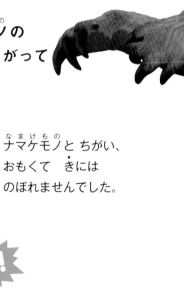

くらべてみよう！

ナマケモノ

ナマケモノと ちがい、
おもくて　きには
のぼれませんでした。

にてる！

94

オオツノジカ

はば　3m、
おもさ　45kg にもなる
おおきな　つのが　ありました。

とても　おおきな
つので　まいとし
はえかわっていました。

いちばん！

いちばん　おおきな
つのを　もつ　シカ

つのは　たたかうためや
めすへの　アピールで
つかったとも　いわれています。

うしろあしと
しっぽを　つかって
たちあがることが　できました。

監修者

甲能直樹　こうの なおき

国立科学博物館地学研究部 生命進化史研究グループ長、筑波大学大学院生命環境科学研究科教授(兼任)。1961年、東京都生まれ。横浜国立大学大学院教育学研究科修士課程修了。博士(理学)。専門は哺乳類古生物学。現在は海生哺乳類の適応進化を研究している。『ニュートン科学の学校シリーズ　古生物の学校』(ニュートンプレス)など著書・監修書は多岐にわたる。

矢部淳　やべ あつし

国立科学博物館地学研究部 生命進化史研究グループ研究主幹。1971年、茨城県生まれ。筑波大学大学院地球科学研究科中退。博士(理学)(千葉大学)。福井県立恐竜博物館研究員を経て、2012年より現職。専門は古植物学。新生代を中心に、植物の系統分類と古生態、古植物地理などを研究。著書に『日本の気候変動5000万年史　四季のある気候はいかにして誕生したのか』(講談社)、監修書に『古生物学の百科事典』(丸善出版)、『世界を変えた50の植物化石』(エクスナレッジ)などがある。

中島保寿　なかじま やすひさ

東京都市大学自然科学科准教授。1981年、東京都生まれ。東京大学生物科学専攻修了。博士(理学)。日本学術振興会特別研究員(ボン大学、東京大学大気海洋研究所)を経て、現在、絶滅海生爬虫類を中心とした脊椎動物の進化や生態、魚類、両生類、爬虫類、鳥類、哺乳類の研究に携わっている。フィールドでは、日本最古の爬虫類や両生類、糞の化石を発見した。著書に学研の図鑑LIVE『恐竜　新版』(Gakken)、監修書に『わくわく科学ずかん　古生代水族館』(大泉書店)、『自然科学ハンドブック　化石図鑑』(創元社)などがある。

泉賢太郎　いずみ けんたろう

千葉大学准教授。1987年、東京都生まれ。東京大学大学院理学系研究科地球惑星科学専攻博士課程修了。博士(理学)。国立環境研究所の研究員(日本学術振興会特別研究員PD)を経て、千葉大学教育学部理科教育講座に特任助教として着任し、准教授となる。著書に『生痕化石からわかる古生物のリアルな生きざま』(ベレ出版)、『ウンチ化石学入門』(集英社インターナショナル)、『化石のきほん』(誠文堂新光社)、『このあななんじゃ③ 〜ちそうのせいこんかせき へん〜』(仮説社)、『古生物学者と40億年』(筑摩書房)などがある。

はじめてのずかん　おおむかしの　いきもの

監修者　甲能直樹／矢部　淳／中島保寿／泉　賢太郎
発行者　高橋秀雄
編集者　白神あゆ子
発行所　**株式会社 高橋書店**
　　　　〒170-6014 東京都豊島区東池袋3-1-1 サンシャイン60 14階
　　　　電話　03-5957-7103
ISBN978-4-471-10412-2　ⒸTAKAHASHI SHOTEN　Printed in Japan

本書の内容についてのご質問は「書名、質問事項(ページ、内容)、お客様のご連絡先」を明記のうえ、郵送、FAX、ホームページお問い合わせフォームから小社へお送りください。
回答にはお時間をいただく場合がございます。また、電話によるお問い合わせ、本書の内容を超えたご質問にはお答えできませんので、ご了承ください。本書に関する正誤等の情報は、小社ホームページもご参照ください。

【内容についての問い合わせ先】
　書　面　〒170-6014 東京都豊島区東池袋3-1-1 サンシャイン60 14階　高橋書店編集部
　ＦＡＸ　03-5957-7079
　メール　小社ホームページお問い合わせフォームから　(https://www.takahashishoten.co.jp/)

【不良品についての問い合わせ先】
　ページの順序間違い・抜けなど物理的欠陥がございましたら、電話03-5957-7076へお問い合わせください。
　ただし、古書店等で購入・入手された商品の交換には一切応じられません。

ティラノサウルスのかきかた

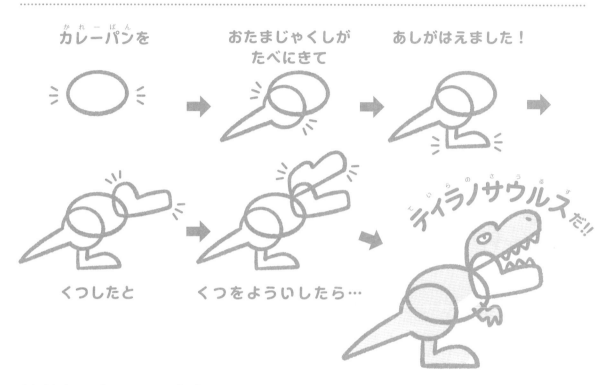

カレーパンを

おたまじゃくしが
たべにきて

あしがはえました！

くつしたと

くつをよういしたら…

ティラノサウルスだ!!

じぶんでかいてみよう

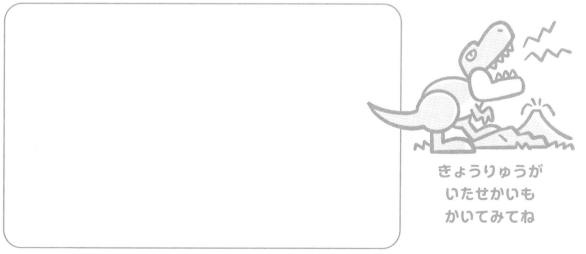

きょうりゅうが
いたせかいも
かいてみてね